# 1 MONTH OF
# FREE
# READING

## at
## www.ForgottenBooks.com

By purchasing this book you are eligible for one month membership to ForgottenBooks.com, giving you unlimited access to our entire collection of over 700,000 titles via our web site and mobile apps.

To claim your free month visit:
www.forgottenbooks.com/free616278

ISBN 978-0-483-75928-2
PIBN 10616278

Lasserre, Pierre
   Le germanisme et l'esprit
humain

# Pierre LASSERRE

•••••••

# LE GERMANISM

## *et*

## *L'Esprit Humain*

PARIS

LIBRAIRIE ANCIENNE ÉDOUARD CHAMPION

5, QUAI MALAQUAIS, 5

—

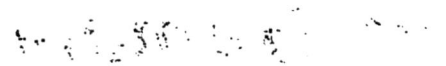

# LE GERMANISME

*et*

## L'Esprit Humain

# OUVRAGES DU MEME AUTEUR

## CRITIQUE

## ROMAN

Pierre LASSERRE

# E GERMANISM

*et*

# L'Esprit Humain

**PARIS**

LIBRAIRIE ANCIENNE ÉDOUARD CHAMPION

5, QUAI MALAQUAIS, 5

—

# Au Général *MARCHAND*

*Hommage d'un Français*

P. L.

# LE GERMANISME

## ET

# L'ESPRIT HUMAIN

---

« Chaque victoire de Rome a été
une victoire de la raison ».
ERNEST RENAN.

## I. – La Question

La vérité ne perd jamais ses droits et je sais
d'irréprochables patriotes qui, en vertu de cet
adage, ont l'esprit agacé par les représailles
qu'une partie de notre presse et de nos écrivains
exerce, depuis le 2 août 1914, contre les grands
noms philosophiques, scientifiques, artistiques et
littéraires de l'Allemagne. Ce n'est pas Gœthe,
disent-ils, ni Kant, ni Fichte, ni Hegel, ni Heine,
ni Schopenhauer, ni Fred. Nietzsche qui ont violé
la neutralité belge, brûlé Louvain, massacré des
milliers de victimes innocentes, déchaîné sur le

monde des torrents de feu et de sang. Pourquoi
vouloir trouver chez eux la source de ces horreurs ?
Et pourquoi, sous le seul prétexte qu'ils sont ou
plutôt furent Allemands, les transformer en prépa-
rateurs ou complices anticipés des barbaries de la
politique et des armées impériales ? Que pense-
rions nous de la jugeotte d'un publiciste prussien
qui, au moment où Napoléon méditait de réduire
la Prusse à merci, s'en fût pris à Racine, Pascal
ou Voltaire ? Il n'eût pas raisonné d'une manière
plus vicieuse.

En principe et en droit, j'admets une telle pro-
testation. Elle s'inspire de la probité de l'intelligence, du souci de la culture.

En fait, et si on la confronte aux éléments réels
et particuliers de la question, elle appelle une distinction, faute de quoi cette probité, cette délicatesse mêmes s'exposeraient à une grave duperie.

Parmi tous ces écrivains et poètes de l'Allemagne mis un peu confusément en cause, il y en
a certes plusieurs dont l'œuvre est bien innocente
des événements contemporains et ceux-ci n'appor-
tent aux personnes qui faisaient profession de les
admirer et de s'en nourrir aucune bonne raison de
condamner leur propre goût. C'est ainsi que,
quand j'observe telle tentative pour créer ou forger à Gœthe sa part de responsabilité dans les atro
cités allemandes en lui attribuant à lui-même des

maximes cyniques prises dans la bouche des personnages de son théâtre, le jeu m'apparaît fort déplaisant ; et, si je comprends trop le genre de satisfaction que certains peuvent trouver à profiter des circonstances actuelles pour déshonorer l'esprit de Gœthe, je comprends également que cette satisfaction n'a rien à voir avec les sentiments du patriotisme.

Mais ce qui est vrai pour Gœthe et pour quelques autres, que je vois incriminer des mêmes choses avec aussi peu d'a-propos et par le moyen d'une argumentation non moins tortueuse, est-il forcément vrai de tout ce qui, dans l'Allemagne moderne, s'est produit et rendu célèbre sous le manteau de la philosophie et de la pensée ? Il y aurait aujourd'hui quelque naïveté à le prétendre. Il existe des philosophes germaniques à qui bon nombre des Français cultivés ne marchandèrent point jusqu'ici la considération due en thèse générale aux successeurs d'Aristote et dont la pensée même apparaît sous un jour fâcheusement nouveau, à la lumière de la crise suscitée par leur peuple. Cette pensée était ce qu'elle était. Mais elle recélait des principes que tous n'y avaient pas assez discernés; traduits en actes et transportés de la spéculation dans la pratique, ils se dévoilent maintenant à tous les yeux. J'en prends à témoin mon cher et vénéré maître M. Boutroux, aussi peu suspect de partiale prévention contre les métaphysiciens allemands, que de versatilité doctrinale. Dans un article très remarqué de la *Revue des Deux-Mondes* (15 sep. 1914) M. Boutroux a porté sur la doctrine de Fichte un jugement éclairé par les leçons de la guerre. Il a reconnu que cette doctrine représentait le peuple allemand comme l'élu de Dieu, le missionnaire spécial de ses desseins sur l'humanité et qu'elle fournissait aux sujets de Guillaume une manière de justification morale des attentats commis par des Allemands au service de l'Allemagne. On peut discuter les raisons de M. Boutroux. Mais si elles sont bonnes (comme je sais par moi-même qu'elles le sont et comme la grande autorité de M. Boutroux inclinera chacun à l'admettre), il faut dire que la métaphysique de Fichte a beaucoup moins pour but la recherche de la vérité, laquelle n'est pas allemande, mais universelle, que la fomentation et l'exaltation de l'orgueil allemand. Ceux-là faisaient donc à cette métaphysique bien trop d'honneur qui la traitaient comme une honnête métaphysique et la rangeaient à côté des idées d'Aristote, Descartes ou Leibnitz, dans le patrimoine commun de l'esprit humain. Et c'est par la guerre que beaucoup de Français auront été avertis de cette illusion.

Deux excès contraires sont à éviter dans nos dispositions à l'égard de la pensée allemande. L'un consiste à en envelopper toutes les manifestations célèbres dans un procès de tendance unique, comme si, étant allemandes, elles ne pouvaient qu'avoir eu leur part inspiratrice dans la conduite de l'Allemagne. L'autre réside dans la fausse impartialité d'une critique qui se refuse à toute suspicion particulière contre les doctrines et spéculations d'origine allemande, et réclame pour elles le respect généralement dû aux œuvres de la pensée désintéressée, sous quelque ciel qu'elles aient vu le jour. De ces deux excès, le premier se condamne de lui-même et il ne se généraliserait pas sans gravement nuire à notre bon renom dans l'ordre de l'intelligence. Le second invoque en sa faveur des considérations nobles et spécieuses ; il s'autorise d'un principe juste et nécessaire : la distinction des genres.

Mais la question est de savoir si ce principe peut être appliqué ici sans réserve et s'il n'y a pas prodigalité à en accorder le bénéfice à un Allemand sur son seul titre de métaphysicien fameux. La question est de savoir si un Allemand qui pense n'est pas plus suspect qu'un autre de penser sans désintéressement. L'exemple de Fichte est bien significatif, et d'autant plus qu'à cette doctrine qui aboutit à faire des Allemands les organes de 'a Divinité et des Français (les lecteurs des *Discours à la nation allemande* peuvent témoigner que je n'exagère rien) les suppôts du Diable, son trouble esprit donne sans effort et sans malaise, couleu· de vue transcendante et de déduction rationnelle. On va me dire que là même gît la preuve de sa bonne foi. Je n'en doute point. Mais aussi son cas n'en est-il que plus fâcheux, tout au moins plus compromettant pour l'Allemagne. Voilà un homme qu'elle célèbre comme un haut génie philosophi que et chez lequel il est trop manifeste que la raison ne possédait pas à l'égard de la sensibilité et de la passion cette indépendance de vue et de jugement où se reconnaissent les têtes véritablement civilisées, les âmes véritablement policées. Je de mande si l'exemple de l'illustre Fichte est exceptionnel ou s'il ne représenterait pas une modalité fréquente et relativement normale de la pensée en Allemagne. S'il en est ainsi, il faudra distinguer, parmi les Allemands qui ont fait profession de penser et acquis à ce titre une influence, ceux qui, plus sensibles au plaisir de la pensée même, l'ont exercée en vue du vrai et ceux qui, plus sensibles à autre chose et l'intellect encore mal dégagé des vapeurs de l'inconscient et des suggestions de l'instinct, ont mis leur pensée au service, non de la vérité, mais d'un intérêt, que ce soit l'intérêt national ou un autre.

La présente étude aura notamment pour objet de préciser et d'approfondir cette distinction en en

proposant quelques applications caractéristiques.
Si je disais qu'elle offre un aperçu de l'influence
intellectuelle de l'Allemagne au XIXᵉ siècle, on me
trouverait follement ambitieux. Mais aussi n'ai-je
point la prétention d'embrasser cette question im-
mense. Je voudrais seulement en toucher un point,
assez central, il est vrai.

*<br>* *

La position et l'action de l'Allemagne dans le
commerce intellectuel des peuples ont un caractère très singulier. Elle est dans cet ordre de choses
la dernière venue des nations européennes. Demeurée à peu près étrangère au mouvement de la Re-
naissance d'où est parti l'essor de la science, de la
philosophie et des littératures modernes, elle a
depuis la fin du moyen-âge, passé trois siècles à
végéter. Les hommes éminents qu'elle a produits
pendant cette période et dont le plus grand est
Leibniz, sont allés chercher au dehors la culture
que nul n'eût songé à se procurer chez soi. Ils
n'ont pas trouvé dans leur langue un instrument
d'expression et de communication pour leur pensée. Ils ont écrit et parfois très bien écrit en français et en latin, ce qui suppose, en vertu des inti-
mes rapports de la pensée avec le langage, une
éducation classique de l'intelligence. Ils sont de-

meurés des isolés dans leur nation. Sauf la tardive diffusion du leibnitzianisme dans les Universités par les soins de Wolf, il n'apparaît alors en Allemagne aucun de ces mouvements collectifs d'idées, de ces groupements littéraires et philosophiques, de ces écoles, comme la France et l'Angleterre en voient se succéder sans interruption. Dans ce que nos pères appelaient la république universelle des lettres l'Allemagne est comme une vaste province inhabitée. Rien ne caractérise mieux sa situation et son rang, que le mépris de Frédéric II, professant qu'il n'y a de culture et de politesse que françaises et le zèle d'élèves avec lequel tous les princes allemands ordonnent chez eux l'imitation de notre théâtre, de nos arts, de nos monuments, de nos jardins.

Dans la seconde moitié du xviii<sup>e</sup> siècle, tout change. C'est un réveil général et rapide. La période de cinquante années qui voit naître la critique de Lessing, la philosophie de Kant, l'œuvre de Gœthe et de Schiller, les travaux de Herder (pour ne citer que les noms les plus grands), nous donne un spectacle de fécondité exubérante dans tous les genres de la littérature et de la pensée. On croirait que quelque obstacle qui depuis des siècles condamnait à une stérilité accidentelle un champ fertile, a été levé subitement.

Ce qu'il importe de remarquer, c'est que ce ré-

veil, par la bouche de la plupart de ses représen-
tants (non point par celle de Gœthe), s'affirme
comme une émancipation absolue, et l'affirmation
se fera, avec les années, de plus en plus radicale et
audacieuse, surtout après les guerres de la Révo-
lution et de l'Empire. Les Allemands ne veulent
pas être des élèves qui, à force d'avoir étudié leurs
maîtres, se seraient rendus capables d'exceller à
leur tour et de devenir peut-être les premiers dans
l'art de ces maîtres. Ils tiennent pour une erreur
profonde d'en avoir jusque-là reçu de l'étranger.
Ils découvrent en eux-mêmes d'inépuisables res-
sources de création originale, ils ne peuvent mieux
faire que tirer tout de leur propre fond et livrer
toute la place aux floraisons spontanées de leur naturel. Leur long retard sur les autres peuples, ils le
tournent en sujet d'orgueil. Ils l'interprètent à la
lumière (ou à l'obscurité) de Rousseau, dont les
conceptions ont trouvé chez eux un crédit énorme
et les ont littéralement révélés à eux-mêmes. Ils le
présentent comme une cause et un effet tout à la
fois de leur supériorité. Tandis que l'esprit des nations policées se laissait rétrécir et gâter par les
règles artificielles de la civilisation et les disci-
plines d'école, les Allemands gardaient le contact
de la nature ; ils demeuraient le peuple primitif
et originaire, le peuple vierge, *Urvolk*. Or, la nature est bonne, elle est le bien, elle est le vrai, elle

est divine. Elle verse à ses fils des inspirations, elle leur communique des intuitions inaccessibles pour une humanité séparée d'elle par toute l'étendue de l'héritage gréco-latin. De là, la portée unique de l'esprit allemand. Il voit beaucoup plus loin et plus profond que l'esprit des autres peuples, il est inimitable pour pénétrer dans les ténèbres sacrées qui enveloppent les principes absolus des choses et déduire de ceux-ci des vues poético-scientifiques sur l'économie et la génération universelle du cosmos, pour comprendre l'âme et le génie des vieilles races humaines et la philosophie de l'histoire (dont sa position de peuple quasi divin lui fait, au demeurant, dominer les perspectives) pour ramener la religion à son essence « pure » en la dégageant de ses formes contingentes...

Chose étonnante ! Cette prétention (je l'expose, on le voit bien, telle qu'elle se présente et s'expose elle-même) n'a pas trouvé dans son caractère d'anomalie considérable un obstacle à son succès. Hors de l'Allemagne, et tout particulièrement en France elle a suscité le plus ample écho. Mme de Staël, Victor Cousin, Michelet, Quinet, Pierre Leroux, Taine, Renan y ont adhéré dans la plus large mesure. Ils se sont inclinés devant l'esprit germanique ; ils l'ont célébré avec des expressions qui paraîtraient aujourd'hui fabuleuses ; ils y ont vu une sorte de révélation nouvelle. Grâce à de tels

hérauts, l'influence intellectuelle de l'Allemagne
s'est répandue sur l'Europe du xixᵉ siècle. Ils ont
admis que de l'Allemagne moderne coulait pour
la philosophie, la religion, la poésie, le sens historique une incomparable source de renouvelle-
ment. N'y eut-t-il là de leur part qu'illusion ? Celui
qui en jugerait ainsi devrait tout au moins admettre qu'une illusion d'une telle envergure est un
fait important et puissant dont il s'agit de rendre
raison et qu'on ne peut combattre avec utilité ou
corriger avec sagesse qu'autant qu'on l'a bien compris.

C'est dans cette question que je voudrais por-
ter quelque clarté en définissant l'esprit germanique, non dans les termes mythiques et mystiques
dont se sont servis les Allemands, mais en termes
approuvés par la nature et la raison. Mais quelle
question étrange ! L'esprit germanique, ce n'est
pas seulement certaines dispositions de tempérament et d'humeur propres aux Germains et qui
viennent chez eux colorer les idées et les sentiments
communs aux diverses nations et races civilisées.
Il le faut entendre, il le faut définir substantielle-
ment. On fait consister cet esprit dans un fond
d'idées et de sentiments. Il y aurait des idées et
des sentiments allemands par eux mêmes et qui
n'auraient pas existé, si cette combinaison de la
nature humaine qui s'appelle l'Allemand n'exis-

tait pas. La fortune de cette conception a produit
une conséquence qui fût apparue monstrueuse à
un Français du xvii<sup>e</sup> siècle, formé à l'école de Descartes et que l'on pourrait appeler la nationali-
sation de l'esprit. Jusque-là, on n'ignorait pas, sans
doute, que chaque groupement humain, a dans sa
manière de sentir, dans sa constitution morale des
particularités qui se marquent dans la physiono-
mie de ses œuvres intellectuelles et leur communi-
quent une certaine saveur distincte. Mais, l'attention ne se portait que de façon très secondaire sur
cet élément aussi précieux qu'obscur et l'on ne re-
cherchait pas tant ce qu'un ouvrage ou un génie
français ou anglais avaient de français ou d'anglais, que ce qu'ils avaient d'universel. Faire le
contraire eût semblé aussi opposé au véritable
ordre des choses que de dresser une fleur la corolle
en bas, et la tige en l'air. Mais, du moment que les
Allemands rattachaient à leur nationalité un génie
spécial, les autres nationalités ne voulurent pas
demeurer en reste et l'on se mit notamment à parler
beaucoup plus qu'il n'était de mode autrefois de
l'esprit français et du génie français. On en fit
comme un modèle idéal composé par la nature
elle-même et sur lequel il fallait se façonner, auquel il fallait revenir. On chercha des inspirations
et directions dans « l'inconscient » français, on
abusa de « la tradition », et ce nationalisme intel-

lectuel, où l'on était un peu conduit et comme ré-
duit par l'Allemagne, devint un moyen de réaction
et de défense contre l'oppression de l'influence
germanique. Comme tel, il a pu rendre d'indis
pensables services, mais momentanés, limités, né-
gatifs seulement, en opposant un hôlà ! à la germanisation envahissante. Il ne saurait avoir le dernier mot, ni emporter la victoire ; car il place la
lutte sur un terrain défavorable pour les Français.
L'esprit français est universel et humain ou il n'est
pas. On est allé jusqu'à vouloir forger une « philosophie française », comme si la gloire de la
France n'était pas d'avoir produit avec Montaigne,
Pascal, Descartes, Voltaire une philosophie qui
doit être également entendue partout où il y a intelligence et expérience humaines. Ce caractère
universel diminue-t-il chez ces grands génies le
caractère national ? Qui oserait le prétendre ?
Ne trouvons-nous pas en eux comme un triple
extrait de tempérament et de feu français et toute
la vigueur, tout l'éclat de séductions qui ne sont
que françaises (1) ?

---

(1) Ce qu'on appela pendant quelques années du
xix<sup>e</sup> siècle « la Philosophie française » était un composé doctrinal assez hétéroclite où il entrait une forte
dose de Schelling.

# II. — Les Allemands européens et lisibles

Avant d'en venir à la définition vraie de l'esprit germanique, il faut mettre hors de cause les Allemands qui n'ont pas eu cet esprit ou chez qui, du moins, il a été très sensiblement dominé par une pensée universelle, les Allemands dont l'œuvre fait face, pourrait-on dire, à la commune lumière de l'esprit humain et non pas aux horizons spéciaux du germanisme. Ces Allemands se sont accordés à manifester à l'égard de ce que l'Allemagne glorifie comme sa « culture » — ou kultur — et son prétendu génie constitutif un mépris qu'un Français n'oserait exprimer, de crainte d'être soupçonné de passion. Il n'y a d'ailleurs aucun doute qu'entre les nations occidentales l'Allemagne soit celle qui a le moins produit de ces œuvres universellement accessibles, qu'un Français, ayant des lettres, trouve en continuité avec son propre domaine héréditaire, où il pénètre et circule aisément, en y cueillant des fruits. Pour délimiter la question et prévenir tout malentendu, je mentionnerai à ce point de vue les principales.

Au premier rang, il y a Gœthe, le seul Allemand qui se puisse comparer à Voltaire pour l'importance européenne et qui est comme un Voltaire
non maigre, un Voltaire avec de l'opulence. Ses
illustres compositions épiques et dramatiques, iné-
gales certes en force, en chaleur et en vie, mais
toutes d'un naturel si savant, d'un style si lumi-
neux et si large : la « tragédie de Marguerite »
dans le premier *Faust*, l'épisode d'Hélène dans le
second, *Hermann et Dorothée*, *Prométhée*, *Le
Tasse*, l'*Iphigénie* appartiennent à la postérité de
la Grèce et c'est ce qui leur assure une place dans
le patrimoine littéraire commun de l'Europe, où
figurent aussi les heureuses créations de sa fantaisie
et de son lyrisme : Werther, Wilhelm Meister,
Mignon. La matière en est moderne. Mais ç'à vraiment été la règle de l'art de Gœthe de marier la
simplicité hellénique à toute la richesse du fond
moderne. Et l'on pourrait dire que ç'à été aussi le
programme idéal de sa pensée: règle et idéal
d'une fécondité inépuisable et d'une immortelle
jeunesse. Les deux *Faust*, la Correspondance, les
conversations de Gœthe renferment un trésor de
pensée qui embrasse l'expérience de l'espèce humaine. L'application didactique qu'il porte en
toutes choses et qui est un honorable trait allemand, mais qui, chez lui, n'est ni paralysée par
l'embarras d'une cervelle pesante, ni égarée par

les nuages, le ramène sans cesse aux grands lieux
communs de philosophie naturelle qui sont comme
les carrefours de l'intelligence des modernes : il
leur rend une nouveauté de découverte, une fraî-
cheur riche et féconde. C'est un maître, mais un
maître sur lequel j'aurais, au surplus, de graves
réserves à exprimer, si l'on entendait lui demander aussi l'éducation du cœur. A côté d'un genre
de grandeur qu'il ne faut pas lui marchander, il a
pour nous des lacunes de sentiment peu perçues
par ses compatriotes. Un certain feu de généro-
sité, une activité héroïque de l'âme qui, chez les
génies appartenant aux races de Sophocle, de Vir-
gile, de Shakespeare, de Cervantès, de Dante, de
Corneille, de Racine, de Molière, ne font qu'un
avec le génie même, et que Voltaire a compris et
adorés chez ces grands hommes, s'il n'en a pas été
lui-même aussi possédé qu'on le voudrait pour sa
gloire, ont fait défaut à ce magnifique esprit.

Je ferai entre Gœthe et Henri Heine toutes les
différences qui conviennent. Mais Heine, âme de
Juif moderne, bien plutôt qu'âme d'Allemand, et
d'éducation demi-française d'ailleurs, a scruté avec
une pénétration incomparable les désordres et ma-
ladies de la sensibilité qui sont liés aux boule-
versements de civilisation de son époque ; il en
a été tout à la fois l'anatomiste et le poète, on dirait même : le mime et le parodiste ; il les a res-

sentis, vécus jusqu'à la névrose ; il en a tiré son
charme, il y a puisé sa propre vitalité d'inspiration ; mais le témoignage qu'il en rend n'a pas
moins d'acuité, ni de clairvoyance que de frémis-
sement. Ce qui fait pour nous le prix de Heine,
c'est que, lu froidement, il est un des hommes qui
nous éclairent le mieux sur ce qu'on pourrait
appeler l'intimité du xixᵉ siècle révolutionnaire
et notamment sur les plus secrètes sources et ten-
dances du germanisme.

Et Schopenhauer ? Je laisse de côté sa métaphysique qui est la moins obscure des métaphysiques
allemandes et qui même, dépouillée d'une certaine terminologie, apparaît assez claire pour ne
pas dire assez expéditive. Je pense au moraliste
qui prolonge une province de notre littérature
française, la moins riante et, si l'on veut, la plus
épineuse, mais où il est très bon pour l'intelligence
et le cœur d'aller de temps en temps faire une
cure ; la province des La Rochefoucauld, des
Chamfort, des pessimistes de profession. L'âpreté,
le cynisme, la brutale causticité teutonne de Schopenhauer exploitent ce champ avec une imagination puissante et une rage qui ne fait grâce à rien,
mais qui a énormément d'esprit. Il est bon à entendre. Et si Pascal l'eût connu, il en eût, comme
de Montaigne, fait suffisamment de cas pour ne pas
négliger de le foudroyer.

Quant à Nietzsche, le jeu de massacre auquel je vois maintenant certains de mes confrères se livrer contre le pauvre « Surhomme » ne me déplait pas à tous égards. Une partie de sa pensée est faite pour irriter tout esprit normal : je parle de ses rêveries de surhumanité et de sa frénésie d'anti-christianisme. Cependant, sans insister sur la réelle inspiration de ces folies qui procèdent d'une faiblesse exaspérée et d'un fanatisme religieux retourné et sur la nuance avec laquelle il conviendrait, dès lors, qu'on en parlât (un peu de justesse est toujours recommandable) nous ne saurions rappeler trop vivement que Nietzsche ne s'y résume pas. Il y a en lui un moraliste qui ne le cède point à Schopenhauer, un merveilleux critique de littérature et de musique qui a entendu les lettres françaises avec une finesse dont aucun autre Allemand, depuis Gœthe, n'avait donné l'exemple et dont nous pouvons tous tirer bien des lumières. Sa plus forte vertu, pour nous, c'est que ses explications sont spécialement admirables pour dégermaniser les têtes françaises dont une imprégnation de pensée allemande aura plus ou moins profondément dissous la culture, et troublé la santé. Le patriotisme n'est pas intéressé — au contraire ! — à ce que nous accablions d'insultes l'homme qui a eu un goût passionné pour la civilisation de la France, qui éclata en sanglots quand il apprit l'incendie des

Tuileries en 1871, et dont les monstruosités de conception et de formulaire sont moins d'un vrai mons-
tre que d'un croquemitaine qui s'épouvante lui-
même.

A ces Allemands un Français lettré, nourri tout
d'abord et principalement de ses maîtres propres,
formé dans la discipline classique, peut et doit
demander un surcroît de développement intellectuel. Mais, comme je l'ai suggéré à propos de
Gœthe lui-même, qu'il ne les fréquente que par le
côté intellectuel ; qu'il soit en garde contre l'influence de ce qui, chez eux, tient au cœur, au caractère, à la sensibilité ; à cet égard, les plus éminents
par la connaissance gardent un résidu d'inélégance
morale dont l'épaisseur étonne quand on les scrute
attentivement, et aussi (ce second trait, il est vrai,
ne s'applique pas à Gœthe), un manque de modération morale dont la contagion, quand elle est fa-
vorisée par l'ascendant du génie, est très propre à
détraquer nos jeunes gens. Je n'ai pas la prétention
d'avoir nommé tous ceux chez qui nous pouvons,
sous cette réserve, trouver un profit substantiel.
Et je n'avancerais point que mon énumération
soit complète, ne fût-ce que pour ne pas encom-
brer la controverse ; je la donne seulement pour
typique. Mon dessein, ce n'est, encore une fois, que
de tracer sur la carte des lettres germaniques les
linéaments de deux catégories : la catégorie des

œuvres dont l'étude enrichit, complète notre culture, parce qu'elles sont de nature à rentrer dans
le commerce universel de la pensée humaine ; la
catégorie des œuvres où la Germanie peut recon-
naître l'épanouissement de la forme de penser
qu'elle revendique, avec Fichte, comme lui étant
propre. Il est clair que la mesure de l'influence
prise par les œuvres de ce second genre sur la
pensée des Français donnera la mesure de ce qu'il
faut bien appeler sa germanisation. J'essaierai de
les caractériser.

# III. — Un Caractère
# de la Philosophie allemande

J'en trouve le type par excellence dans la philosophie allemande. Pour l'instant je ne comprends point sous ce nom le Kantisme, qui est une philosophie critique et que je considérerai à part, mais le dogmatisme issu de cette critique, je veux dire les systèmes solidaires de Fichte, Schelling et Hegel. Ces systèmes nous mettent en présence d'une véritable rupture accomplie entre la pensée germanique et la pensée occidentale. C'est ce qui me paraît résulter avec évidence d'un seul trait de comparaison entre les monuments philosophiques de l'Occident et les doctrines que l'Allemagne a données au monde.

Les philosophies occidentales avant Kant, sont l'aristotélisme (continué par la scolastique), le cartésianisme et le leibnizianisme : ces trois doctrines, dont la troisième est un essai de conciliation entre les deux premières, nous offrent comme les sommets autour desquels toute l'histoire de la philosophie se distribue. Or elles possèdent, entre autres caractères communs, celui-ci : elles s'appuient

sur une méthode dont la valeur est indépendante
de leur valeur propre et dont le discrédit ne saurait être entraîné par le discrédit du système
qu'elle a pu servir à édifier. Si cette méthode a été
découverte ou portée à un degré particulier de per-
fectionnement par l'auteur de ce système, si par là
elle apparaît liée à ce système et que, d'autre part,
lui-même soit jugé caduc, il faut dire qu'elle est
ce qui en survit avec la part d'applications incon-
testées que le philosophe en aura pu faire. Ce n'est
pas la méthode d'un système, c'est une des méthodes naturelles et générales de l'esprit humain.
Cette méthode,c'est, chez Aristote, le syllogisme et
la classification de toutes les idées par genres et
par espèces ; c'est, chez Descartes, l'analyse mathématique ; c'est, chez Leibniz, le calcul infinité-
simal.

On peut juger (et il serait difficile d'en juger au-
trement) que la scolastique issue de la philosophie
d'Aristote a abusé du syllogisme, en ce sens que
sur beaucoup de points elle a raisonné à partir
d'idées arbitrairement établies et de définitions
factices, faute d'un recours suffisamment étendu
et assez libre à l'expérience (recours dont les
moyens, qui ont été acquis depuis, lui faisaient
d'ailleurs défaut). Ce qu'on ne saurait mettre en
doute, c'est que le syllogisme, pris en soi (et en lui
supposant des prémisses sûres), constitue la forme

même de la vérité, son mode nécessaire de communication (un discours qui se tient est une suite ou plutôt un lacis de syllogismes inconscients et dissimulés) et que toute connaissance se ramène à la perception d'un certain rapport entre cas particuliers et données générales.

On peut et il faut reprocher à Descartes d'avoir prétendu expliquer tous les secrets, l'économie tout entière de la nature par raison mathématique. Mais, en cela, il ne faisait aussi qu'abuser d'une bonne chose. L'applicaton des mathématiques à la physique révélait depuis un demi-siècle et davantage sa fécondité merveilleuse et Descartes figure parmi les grands inventeurs dans l'art de soumettre l'action des forces naturelles au calcul et à la mesure. Son génie même l'a entraîné à croire que la clef qui ouvrait tant de portes fermées aux anciens ouvrirait toutes les portes et que toutes les questions de la philosophie naturelle se résoudraient par la géométrie. Mais, si les erreurs où il est tombé dans cette voie sont bien des erreurs, elles diffèrent foncièrement de celles qu'engendrent la faiblesse ou le vague de la méthode ; elles portent la marque de la méthode, claire et parfaite en soi-même et dans les justes limites de son emploi, qui les a produites ; elles sont pleines de lumière. On en dirait autant de ce qui est trouvé d'inadmissible dans la philosophie que Leibniz a construite en

généralisant l'emploi des principes du calcul infini-
tésimal. Ces systèmes reçoivent quelque chose
d'impérissable de l'instrument universel de connaissance qui a servi à les établir, qu'ils nous ont lé-
gué, ou du moins au destin et au progrès duquel
ils se sont intimement associés. Par là, ils peuvent être périmés à bien des égards ; ils vivent et
agissent toujours dans la tradition de la science.
Ce sont des maisons qui ont des parties en ruines,
mais qui gardent de grandes fenêtres d'où s'offrent
sur l'ordre du monde des perspectives pleines de
fécondité. Ils sont admirables pour l'éducation de
l'esprit.

Rien de pareil dans les systèmes allemands. Ce
sont des maisons sans ouvertures, si même ils n'ont
quelque chose de trop amorphe pour qu'on les
compare à des maisons. Un défaut absolu de géné-
ralité caractérise leur méthode. Celle-ci est proprement et uniquement la méthode d'un système ; elle
ne vaut que pour lui et ne vaut que ce qu'il vaut. La
manière dont Fichte, Schelling, Hegel forment, en-
chaînent les idées ne peut servir qu'à édifier (je
renouvelle ma réserve sur la justesse de cette mé-
taphore), les systèmes de Fichte, Schelling et Hegel.
Vainement, voudriez-vous y avoir recours pour la
solution d'un problème d'ordre quelconque, mathématique, physique, politique, juridique ou moral,
si ce problème est, comme il doit l'être, posé en

termes définis et clairs : vous la trouveriez absolument sans prise ; ce n'est que grâce à un obscurcissement préalable des questions qu'elle permet, je ne dirai naturellement pas de les résoudre, mais d'en disserter. On me dira que ces Allemands sont des métaphysiciens et que la différence d'objet qui existe entre la métaphysique et les autres sciences doit exister aussi entre leurs méthodes respectives. Soit ! mais, ici comme là, c'est le même esprit humain qui est à l'œuvre et, pour cette raison, il ne se peut qu'il n'y ait pas de profonds traits de ressemblance entre la méthode d'une saine métaphysique et les méthodes générales qui ont fait leurs preuves dans les autres domaines du savoir. Cette ressemblance, la méthode propre à chacun de ces philosophes post-kantiens ne la possède pas ; elle est *sui generis*, elle est indéfinissable, inclassable, et n'a pas de nom ; c'est un intuitionnisme obscur s'exerçant sur les données d'un encyclopédisme vague et qui se flatte de trouver dans un tel mélange les moyens d'une explication intégrale de la nature et de l'histoire, ce dont il ne réussit à réaliser le semblant qu'en répandant sur la face de la nature et de l'histoire un voile de fumée, en jetant du trouble et du vague dans la notion de tous les faits qui en composent la trame. Si les conceptions d'Aristote, de Descartes, de Leibniz ,sans oublier celles des grands empiristes, sont placées sur la voie royale où s'accomplit le progrès des connaissances humaines, les systèmes germaniques en sont à l'écart ; ce sont des nuages qui se sont levés à côté du chemin de lumière et qui menacent de le recouvrir. Ils sont tout au moins absolument stériles pour la science ; mais ils ont aussi une grande puissance de l'égarer (et cela s'est vu), pour peu qu'elle en reçoive les inspirations. On ne trouverait de caractères comparables aux leurs que dans les systèmes de la philosophie alexandrine, qui est une philosophie demi-orientale et dans la philosophie de Spinoza dont il est, en dépit de son habit cartésien emprunté, permis d'en dire autant. Ne serait-il pas vrai qu'il y a, comme on l'a souvent soutenu, dans la race allemande, des affinités asiatiques ? J'en trouverais volontiers un indice dans la nature des doctrines qu'ils ont enfantées, dans la direction que la spéculation métaphysique a spontanément prise chez eux depuis qu'ils se sont émancipés de la communauté intellectuelle européenne. Gobineau raconte que, quand il s'amusait à exposer Schelling et Hegel à des Tartares intelligents, il avait l'impression de ne leur révéler rien et de les ennuyer, tant cette manière de voir les choses était sur la pente de leur propre pensée. Aristote et Descartes les intéressaient davantage mais ils y mordaient à grand peine ; ils ne s'y sentaient pas chez eux.

# IV. — Position du Kantisme

J'entends l'objection. On va me dire qu'il n'est pas permis de caractériser la philosophie de l'Allemagne d'après ses monuments caricaturaux et difformes et qu'il y a Kant, qui suffirait à la gloire philosophique des Allemands. Kant n'est-il point un vrai grand philosophe ? N'appartient-il point à la philosophie universelle ? Schopenhauer a traité ses successeurs et notamment « le stupide Hegel » — *der geistlose Hegel* — avec le dernier mépris. Mais de Kant, tout en le combattant avec âpreté sur beaucoup de points, il a parlé comme d'un grand homme.

Ne séparons pas, dirai-je, ce qui ne doit pas être séparé. Certes, il existe entre Kant et ses successeurs de grandes différences tout à l'avantage du premier. Kant est encore d'un temps où, conformément à la sage règle posée par Platon, on ne se fût pas permis d'aborder la philosophie « sans être géomètre » ; il possède les mathématiques, la physique, les sciences naturelles ; ses idées sur l'origine du monde, sans approcher en importance de celles de Newton ou de Laplace, ne sont pas négligables ; c'est un esprit supérieurement exercé, un vrai savant. Fichte, Schelling, Hegel sont des brouillons encyclopédiques, chargés d'un amas de connaissances confuses et mal éclaircies ; ils n'ont la pratique personnelle d'aucune science, d'aucun art ; vainement chercherait-on dans leurs écrits quelque référence à une définition ou notion vraiment exacte et précise. Kant s'exprime autant que possible dans les formes de la raison : il définit, analyse, explique, discute, démontre. Le langage de ses successeurs est un pathos où l'idée, impuissante à se dégager clairement, s'en remet aux vagues suggestions des images et des mots du soin de la faire entendre. C'est eux qui ont introduit dans la philosophie le règne de la phrase et créé le détestable genre d'écrire qui, transplanté en France par Victor Cousin, et marié par lui aux formes redondantes de la rhétorique latine, est devenu cette « philosophie oratoire » tant et si justement honnie par Taine. Mais toutes ces différences et la situation privilégiée qui en résulte pour Kant n'excluent aucunement (et c'est là l'essentiel, c'est ce qui nous importe), la solidarité, la continuité des doctrines. Les systèmes de Fichte, Schelling, Hegel, leur façon effroyable de philosopher, sont la mise en œuvre d'un principe issu du kantisme. Ils sont le fruit que le kantisme ne pouvait manquer de produire. Kant est un jardinier qui, quant à lui, conserve du respect pour l'arrangement traditionnel du jardin ; mais il élabore et sème la graine d'où jaillira la plante monstrueuse qui ne tardera pas à dévorer et saccager tout.

Je dirais encore, si je ne craignais d'abuser des comparaisons et des métaphores, que Kant est le plan incliné sur lequel la philosophie allemande glisse hors du commun terrain sur lequel s'élevaient les doctrines de l'Occident vers les régions qui lui sont propres et où elle n'entraînera que trop la pensée européenne.

Cette transition se fait par deux voies, deux voies non indépendantes l'une de l'autre, mais solidaires et reliées : la théorie kantienne du Devoir que l'on pourrait appeler la théorie du Dieu intérieur, et l'idéalisme subjectif.

## A. — *Le Dieu intérieur* (1).

Le point de départ des idées de Kant, c'est le

(1) Devant, dans cette subdivision de mon étude, sinon traiter, du moins effleurer le sujet de la morale de Kant, je renvoie à un admirable et célèbre article de mon regretté maître Victor Brochard, dans la *Revue Philosophique*. Ce morceau est, à mon sens, ce qui a été écrit en France de meilleur sur la question.

scepticisme ou, pour mieux dire, le relativisme
empirique et l'incrédulité religieuse du xviiie siècle. « Hume m'éveilla du sommeil dogmatique »,
ainsi s'exprime-t-il. Il commence par souscrire
aux conclusions de la critique de Hume qui ruine
la métaphysique et le dogme religieux en refusant
à l'intelligence humaine tout pouvoir d'atteindre
des réalités d'un ordre supérieur à la nature.
L'homme n'a de contact qu'avec la nature où
tout est changeant et mobile, où tout dépend de
mille conditions, naturelles elles-mêmes, où il n'y
a de stabilité et de permanence que dans un sens
relatif. Nous ne connaissons que du relatif. Les
idées d'Absolu, d'Eternel, de Cause première,
de Fin dernière ne correspondent à aucun objet
dont nous puissions percevoir ou conclure légitimement l'existence objective. Il va de soi que
cette thèse n'a rien d'allemand. Elle se rattache à
une tradition très ancienne de la philosophie universelle, aussi ancienne sans doute que la métaphysique elle-même, à côté de qui on la voit che-
miner à travers les siècles. C'est la doctrine des
« sophistes » grecs, des Epicuriens, de Lucrèce,
de Montaigne, de Bayle, de Locke, de Gassendi, de
Fontenelle, de Buffon, de Voltaire, comme ce sera
celle d'Auguste Comte, de Sainte-Beuve, de Renan, de Taine. Le changement le plus important
apporté par le xviiie siècle, c'est l'éclat avec le

quel s'affirme cette doctrine, dont la destinée avait
été jusque-là discrète, la popularité qu'elle ac-
quiert, le nombre considérable d'adeptes qu'elle
recrute dans la société.

Les principales causes qui ont concouru à ce
résultat apparaissent très manifestement les sui-
vantes : progrès des sciences expérimentales et
conclusions que les philosophes se croient auto-
risés à en induire, quant à l'origine du monde et
de l'humanité, évolution logique qui a conduit jusqu'à la libre pensée l'élite intellectuelle du protes
tantisme anglais, passion de propagande de cette
élite et de nos encyclopédistes, affaiblissement des
institutions d'autorité qui réprimaient les critiques
publiques de la religion. Ces données, ces raisonne-
ments, ces influences, ont fait succéder à la vieille
foi l'impiété des esprits. Et celle-ci, Kant commence
à la tenir pour légitime et justifiée. Il commence,
dis-je. Je n'entends point par là qu'il ait professé
certaines idées pendant un certain temps pour en
adopter plus tard de différentes. Il s'agit d'un
commencement logique, d'un premier pas, d'une
première étape dialectique de sa philosophie.

A cette étape correspond la *Critique de la raison pure.* Il y démontre à son tour la relativité de
toute connaissance, mais en introduisant dans la
thèse des complications d'apparence scolastique
qui, à mon avis, font de cet ouvrage quelque chose

de bien inférieur en soi-même à l'ensemble des analyses également négatives de Locke, Condillac et Hume : complications tendancieuses, inspirées, non pas tant par l'étude du problème considéré que par l'intention de préparer, d'amorcer certaines conclusions latérales, voulues et choisies d'avance. Kant, dirai-je, mêle à la thèse de la négation métaphysique et religieuse des obscurités à l'abri desquelles il a l'arrière-pensée de s'en libérer, de s'en évader. Elle n'est pour lui qu'un des « moments » ou une des faces de la sagesse : elle en est la face intellectuelle, « théorique ». Au regard de l'intelligence pure, de la raison spéculative, il admet que toute affirmation concernant l'au-delà est vaine et incapable de se défendre victorieusement contre la critique. Mais, d'autre part, au point de vue « pratique », comment se passer de telles affirmations ? Que devient la morale, si l'homme n'a de rapports qu'avec la nature et, par conséquent, de conseils à recevoir que d'elle ? L'obligation absolue du devoir est ruinée. Que devient la destinée humaine, si elle n'est pas en relation avec de l'absolu, de l'éternel ? Kant, selon l'expression d'Alfred de Musset, a « déclaré le ciel vide » ; mais le vers de Musset se trompe d'un hémistiche : Kant n'entend pas « conclure au néant ».

De la préoccupation qui l'inspire ici, je dirai

pareillement qu'elle n'est pas allemande : elle est
humaine, elle a quelque chose d'universel. Elle
répond à un problème qui n'a pas été inventé par
Kant ; car ce problème dépend d'un fait dont il
est d'autant plus impossible de nier la réalité, que,
par l'ampleur de ses corrélations et de ses conséquences, il a exercé et exercera sans doute long-
temps encore, sur la destinée de l'Europe, l'influence la plus lourde et la plus étendue. Le mouvement d'incrédulité du xviii\u1d49 siècle n'a pas été
un épisode passager de l'histoire ; il s'est continué. Et il en est résulté pour l'époque moderne
une véritable crise de la religion, une crise du
christianisme, dont la littérature du xix\u1d49 siècle
porte de toutes parts le témoignage direct. D'une
part, une philosophie qui exclut la foi aux réalités surnaturelles ou métaphysiques montre une
telle puissance de pénétration progressive dans
les esprits que plus d'un considère cette foi
comme d'ores et déjà condamnée à une décadence
irrémédiable. Et, d'autre part, le christianisme,
qui est tout rempli du surnaturel et du divin, a
(de l'aveu de presque tous les hommes nés chré-
tiens), si foncièrement contribué à la civilisation
par l'amélioration des masses et par la perfec-
tion ajoutée à certains sentiments, que l'incrédule
est bien obligé de se demander si l'élimination
du christianisme n'entraînerait pas pour les so-

ciétés et pour les individus une désastreuse perte
de noblesse, si elle ne serait point payée par le
triomphe du matérialisme et de la vulgarité. En
thèse plus générale, la religion nous apparaît,
dans tout le cours de l'histoire, intimement asso-
ciée au développement de la vie supra-animale
du genre humain. Et la discipline rationaliste ou
positiviste de l'intelligence, qui est pourtant une
des manifestations, un des couronnements de cette
vie supérieure, se montre meurtrière pour la religion.

En présence de ce vaste et profond conflit, diverses sont les attitudes des esprits qui s'en ren-
dent compte. Les uns n'en attendent le dénoû-
ment que d'un retour étendu à la foi et à l'ins-
titution traditionnelles. D'autres rêvent à quelque élaboration mystérieuse de l'avenir par où
seraient refaites l'unité et l'harmonie rompues de
la nature de l'homme. D'autres enfin, plus hardis,
se plaisent à admettre que l'humanité chrétienne
pourrait sauver du naufrage de ses vieilles
croyances le trésor des délicatesses de l'âme qui
s'y trouvaient enveloppées. La crise demeure ou-
verte. Je n'apporte ici l'expression d'aucun sentiment personnel sur le fond de la question. Mon
but est seulement de faire entendre le rôle essentiel, dominant, qu'elle a joué dans la direction
prise par la philosophie allemande à partir de

Kant et dans l'étrange destinée européenne qui en est résultée pour cette philosophie.

Kant a conçu sa philosophie comme un remède à la crise religieuse moderne. C'est de là, et ce n'est au fond que de là, que cette philosophie a tiré son crédit et son autorité. C'est de son intention, de son orientation religieuse, mille fois plus que de sa substance doctrinale et de sa valeur intrinsèque. Le dessein dont elle s'inspire l'a fait bénéficier d'une recommandation proportionnée au malaise que beaucoup d'esprits ont ressenti de la rupture survenue entre la science et la religion, entre une raison dont l'intransigeance critique refuse de souscrire au surnaturel et les aspirations surnaturelles de la sensibilité chrétienne. Mais la formule de l'intention ne préjuge pas toujours la qualité de l'acte et il y a remède et remède. Il y a des remèdes pires que le mal. C'est le cas du remède kantien.

Pour abolir la contradiction de la religion et de la raison, comment s'y prend Kant ? Il se donne une grande facilité : il altère les données du problème et, si je puis dire, il les abaisse. Il abaisse les exigences respectives des deux puissances antinomiques à concilier. Il en émousse les susceptibilités. Il rend la raison moins scrupuleuse et moins regardante sur le vrai, il rend le sentiment religieux moins difficile sur la qua-

lité et la dignité de l'objet proposé à sa ferveur
et à son culte. Il trouble la limpidité de la raison
et la pureté de la religion. Si la solution qu'il
apporte a bien ce caractère (je vais le montrer)
qui ne conviendra de ce qu'elle offre de lourde-
ment onéreux ? Qui ne verra qu'elle ne saurait
prévaloir et se répandre qu'au prix d'une dimi-
nution de la nature humaine à qui elle coûte la
fleur de ses facultés et de ses acquisitions les
plus nobles et les plus précieuses, à la fois du
côté de l'intelligence et du côté du sentiment ? La
crise religieuse aura été résolue en quelque manière, mais au détriment de la civilisation intellectuelle et morale ; la solution en aura été cher-
chée au-dessous du niveau que les portions su-
périeures de l'humanité avaient atteint. Elle aura
abouti, non à un progrès, comme nous devons en
former le vœu, mais à un recul.

Toute crise fraye la voie à des perturbations
ruineuses. Les crises de la santé font parfois re-
courir à des cures téméraires qui calment les
douleurs du malade en précipitant la ruine de
son organisme. Les crises politiques favorisent
les ambitions des agitateurs et livrent aux moins
bons éléments de la société les moyens de s'em-
parer du pouvoir. C'est à la faveur de la crise
religieuse moderne que la barbarie germanique
a pris un ascendant intellectuel en Europe. Je

m'empresse de dire que l'idée de barbarie ne doit nullement s'attacher à la personne du respectable Kant. J'en ai à la nature de sa conception et à la fatalité des conséquences qu'elle portait en elle.

*
* *

Kant prétend conserver à l'homme la possession de cette réalité surnaturelle, éternelle, absolue avec laquelle le christianisme l'a accoutumé à se sentir en rapport. Mais cette réalité, sa philosophie critique l'a ôtée du ciel. Que faire ? Il la transporte dans l'homme même. Il dit que c'est en lui-même que l'homme la trouve. Il ne dit pas que l'homme ait avec elle quelque communication lointaine, proportionnée à la petitesse d'un être fini, que son âme soit touchée de la pointe d'un rayon émané d'elle et qui mêle à tous les éléments périssables dont elle se compose un élément d'immortalité. Cela serait conforme à la tradition chrétienne et conforme aussi à Platon. Mais cela, Kant ne peut le dire, car ce serait supposer l'existence de ce ciel métaphysique, de ce « transcendant » dont nous ne pouvons rien savoir. Il veut que nous ne connaissions l'Absolu qu'en nous-mêmes ; il l'enclot tout entier en nous-mêmes ; il lui donne pour ciel et pour temple notre conscience, pour expression la loi du Devoir. La conscience nous prescrit le Devoir. Elle nous le prescrit, non comme acte d'obéissance à une Volonté supérieure à l'homme et qui aurait un droit sacré de lui commander, non comme le moyen de mettre notre conduite d'accord avec nos aspirations les plus durables et de réaliser la plus grande richesse et la plus grande beauté de notre nature, non comme expression des nécessités ou des convenances sociales, condition de notre intérêt bien entendu, instrument de notre véritable bonheur. Si le Devoir nous obligeait à l'un ou l'autre de ces titres ou à tous ces titres à la fois, il serait chose subordonnée à autre chose ; or il est souverain et absolu. Il se révèle à nous par un décret « catégorique » qui n'a de fondement et de raison qu'en lui-même ; c'est là le propre des décrets divins. La Conscience est Dieu.

Indépendante de toutes les corrélations de la nature, du temps et de l'espace dans lesquelles, à tous autres égards, nous sommes pris et enveloppés, l'idée du Devoir remplace sur l'autel intérieur le Dieu unique et souverain des Juifs et du christianisme.

Le sublime de cette théorie est un sublime illusoire et faux, fondé sur un abus des apparences. Le sentiment du devoir n'est pas la chose surhumaine — et je dirai : inhumaine — que Kant en fait. Bien loin qu'il ne repose que sur lui-même, il se laisse décomposer en ses facteurs qui sont la nature et l'éducation. Notre nature comprend des attraits pour le mal et des attraits pour le bien. L'éducation, inspirée par la religion, les traditions, l'expérience, les mœurs, le bon sens, éclaire et dirige ces derniers, elle nous représente ce qui doit les justifier à nos yeux ; la discipline de l'enfance, par des appels longuement répétés à la raison, à la crainte, au cœur, à l'honneur, ne tend qu'à faire de la préférence pour le bien une invincible habitude de toute l'âme et c'est la puissance de cette habitude qui, dans les cas de conflits aigus du devoir et de la passion, se traduit par le sentiment d'un impératif qui ne souffre pas d'être enfreint. Voilà ce que nous montre la plus modeste et la plus familière connaissance de l'homme.

Il est vrai qu'il ne faut pas juger de ce qui est familier à des Allemands sur ce qui l'est à des Français. Cette connaissance de l'homme que nous recevons de nos classiques et respirons dans l'air de la société (d'une société demeurée vraiment française) correspond à un haut degré de civilisation. Parmi les clartés qui distinguent, je ne dis pas de l'ignorant, mais du barbare l'homme de vraie culture, celles qui lui font voir la nature humaine telle qu'elle est, sont les plus caractéristiques, parce qu'elles ne supposent pas

seulement une intelligence affinée, mais une âme
policée et capable de modération. Le manque
foncier de « psychologie » que Nietzsche reprochait
aux Allemands et dont tant de preuves viennent
d'être données au monde tient à cela. Je le cons-
tate de façon flagrante dans la théorie de l'impératif catégorique. Il fallait être Allemand pour
donner à l'idée humaine du devoir ce visage
moins divin que monstrueux. Il fallait être allemand pour mêler tant de subtilité à une manière
si tendancieuse d'altérer la vraie nature des choses
et pour répandre dans une notion comme celle du
devoir l'eau trouble où l'on pensait pêcher Dieu.

Le caractère même du principe donné par Kant
à la morale en viciait d'avance toutes les applications pratiques. Quand le devoir, en général, est
conçu comme résultant de l'ensemble de nos rapports avec la Divinité, avec l'humanité, avec la
patrie, avec la nature, avec nous-mêmes, la notion
de ce qu'il exige de nous dans les positions si va-
riables où la vie nous place, se déduit, se compose
assez aisément. Mais, si l'idée du devoir est ainsi
isolée de tout, dressée au-dessus de tout, si elle
est prise pour le seul point fixe d'un monde livré
à l'universelle mobilité, comment en tirer de rai-
sonnables préceptes d'action ? Une telle conception
amène fatalement à faire abstraction des contin-
gences dans la détermination des devoirs, et elle

doit engendrer, soit l'orgueil d'une vertu qui ne
connaît qu'elle-même et qui tourne donc au pire
vice, soit, au contraire, du dédain à l'égard des obli-
gations réelles de l'humanité, considérées comme
au-dessous de la sublimité du dieu intérieur.

Kant divinisait un fait humain. Voilà ce qui est
grave. Il en faisait non un demi-dieu, non un dieu
entre d'autres dieux, comme les aimables habitants
de l'Olympe hellénique, mais, encore une fois, le
Dieu absolu et unique. Il est vrai que ce fait était
le Devoir et cela valait mieux que si c'eût été la
passion, la brutalité ou la violence. Mais il avait
fallu pour cela que Kant faussât la notion réelle
et vraie du devoir ; il suffisait de procéder de la
même manière à l'égard de toute autre tendance,
disposition ou impulsion de l'âme et de l'entourer
également de ténèbres favorables pour n'être pas
moins fondé à lui décerner le titre suprême. Fichte
renonce à faire des distinctions : le moi, tout le
moi, devient le centre, le dominateur universel
des choses ; et les romantiques allemands, unani-
mes à se réclamer de Fichte, choisiront, parmi
toutes les manifestations du moi, celle à laquelle
il leur plaît d'attribuer de préférence les honneurs
dus au divin. Pour l'un, ce sera la passion exaltée,
pour un autre la rêverie et l'indolence contempla-
tives. Quand les invasions napoléoniennes et la

propagande de la Prusse auront réussi à refaire
l'unité du patriotisme allemand et à inspirer à l'Allemagne un rêve d'ambitions nationalistes sans limites, ce qui sera divin dans l'homme allemand.
ce sera ce qu'il a, tout ce qu'il a d'allemand, à
l'exclusion du reste. Nous avons cité le dogme de
Fichte à cet égard. Mais il ne faut pas attribuer
moins d'importance à l'adhésion formelle qu'y
donne Schleiermacher, un des hommes qui ont
exercé sur la théologie et le sentiment religieux
de l'Allemagne l'influence la plus considérable au
XIX⁰ siècle. Dans ses *Discours sur la religion à
l'adresse de ses contempteurs* (Berlin, 1831) —
un livre qu'il y aurait de grands avantages à tra-
duire, au moins partiellement, en français pour
édifier nos compatriotes — Schleiermacher en-
seigne à la lettre que la vraie religion ne peut
être entendue et sentie que par les seuls Allemands, qu'elle est notamment fermée aux Anglais
à cause de leur cupidité et aux Français à cause
de leur frivolité et de leur immoralité. De telles
propositions à celle qui présenterait l'Allemagne
elle-même comme l'objet de la religion, je de-
mande quelle est la distance. Le pangermanisme
des intellectuels est né de là.

Terrible clair-obscur germanique où l'on croit
voir des fulgurations de Sinaï se mêler à la nuit

épaisse qui enveloppe les plus aveugles poussées
de l'instinct, les états vagues et effrénés de la
pensée !

## B. — *L'idéalisme subjectif.*

Si le principe de la morale de Kant contenait
en germe de tels excès, du moins sa philosophie,
dans d'autres domaines, ne conservait-elle pas sur
celle de ses successeurs une supériorité de raison
et de tenue correspondant à sa supériorité personnelle de culture ? Tout ce qui a trait à la connaissance de la nature n'est-il pas conforme chez
lui à une saine physique ? Kant est un mathéma-
ticien, un cartésien ; il conçoit parfaitement la pré-
cision expérimentale et la rigueur géométrique
qu'une science digne de ce nom doit rechercher
dans l'explication et l'enchaînement des faits. Pourtant, sur ce terrain aussi, l'égarement de la
philosophie allemande part de lui ; il a frayé (et
ceci encore, ceci plus certainement encore sans
l'avoir voulu), le chemin à ces cosmogonies aussi
ambitieuses que confuses, à ces vertigineuses métaphysiques dont j'ai essayé de donner l'impression et dans l'élucubration desquelles l'imagination, les synthèses approximatives, les brumeuses
suggestions du rêve, la phrase usurpent le rôle

légitimement dévolu à l'expérience, au calcul et
au raisonnement.

Cela tient à la position forcée, tendancieuse,
intenable qu'il prend dans la *Critique de la raison
pure* et que je voudrais faire saisir en deux mots.

Il existe dans l'intelligence humaine un certain
fond de données universelles qui interviennent
dans toutes nos explications des choses, dans la
formation de toutes nos connaissances. C'est l'idée
de la Cause (tout fait a une cause), l'idée de la
Substance (tout phénomène est la modification
d'un certain fond permanent qui demeure cons-
tant à lui-même à travers ses changements de
forme); ce sont les principes que la Physique tire
de ces idées premières : principe de l'inertie, de
l'égalité entre l'action et la réaction, de la conser-
vation de l'énergie, etc. Au regard des métaphysiciens, ces données sont innées en notre esprit,
elles font partie de sa constitution même, il les
reçoit d'une source antérieure et supérieure aux
données de fait que lui fournissent ses sensations
et ses expériences ; elles sont, dans notre esprit,
le reflet ou l'empreinte d'un monde suprasensible.
Par là, elles nous font connaître ce monde en
même temps qu'elles nous font comprendre l'ordre du monde sensible qui nous entoure. Il émane
d'elles deux faisceaux de lumière qui se prolongent
réciproquement, l'un dirigé vers le haut et qui se

projette sur le ciel, l'autre dirigé vers le bas et éclairant la terre. Les philosophes empiristes refusent d'attribuer aux idées dites innées, une origine et une portée si hautes. Ils ne les tiennent pas pour innées. Ils disent qu'elles nous viennent des sens. qu'elles sont des sensations élaborées, « transformées »; qu'elles se tirent de l'expérience, qu'elles sont des extraits, des résumés, des condensations de nos expériences. On voit où est le désaccord ou l'accord. Pour les métaphysiciens et pour les empiristes, les données premières et universelles de l'esprit ont une vérité objective ; elles correspondent à de la réalité ; pour les uns comme pour les autres, elles dessinent, elles figurent l'ordre réel de la nature, les linéaments les plus généraux de son économie. Pour les premiers, cet ordre décrété par une pensée éternelle, a une valeur absolue, il ne pouvait pas ne pas être ce qu'il est ; pour les seconds, il a la valeur d'un fait donné au delà duquel la pensée humaine est impuissante à remonter avec certitude.

Kant adopte ou recherche une troisième position. Avec les empiristes, il refuse de voir dans les idées dites innées, le reflet des réalités métaphysiques, celles-ci ne se communiquant d'aucune manière à l'intelligence. Avec les métaphysiciens, il refuse de placer dans l'expérience l'origine de ces idées ; pour lui, elles sont bien innées,

elles appartiennent à la constitution native de notre pensée, elles en sont les « formes *à priori* ».
Mais, si notre pensée ne les tient ni d'une source
supra-sensible ni d'une source expérimentale, c'est
qu'elle ne les tient que d'elle-même ; elles sont son
propre fait ; elles n'ont pas plus de vérité objective que la couleur rouge que l'œil de l'albinos
voit partout. Il est vrai que nous ne percevons, ne
comprenons, n'expliquons la réalité qu'à la lumière de ces idées ; mais cela veut dire que la
réalité nous apparaît enveloppée dans le voile
d'une illusion logique, ourdie et organisée par
notre propre esprit. En soi, la réalité est impé-
nétrable, impensable absolument, c'est la nuit absolue. Une chose obscure et sans nom, étrangère
à toute forme, à toute manière d'être que nous
puissions nous représenter et ressemblant comme
deux gouttes d'eau au néant, c'est là ce qui, hors
de nous, est ; c'est l'Etre, c'est le *noumène*. Cet
objet, aperçu à travers le réseau des formes de
notre intelligence avec lesquelles nous ne savons
d'ailleurs pas s'il a en soi rien de commun, voilà la
nature, voilà le « monde des apparences », seul ob
jet possible de l'étude scientifique, des explications
de la pensée claire.

Quelle que soit, à bien des égards, la force du
livre célèbre qui a porté cette théorie au monde,
combien l'impression en est pénible ! Celui qui

lit la *Critique de la raison pure* librement, la tête
affranchie de toute superstition d'école, se sent là
dans une atmosphère profondément différente de
celle qu'il était accoutumé de respirer chez les
grands philosophes européens, métaphysiciens
comme Descartes et Leibniz ou bons empiristes
comme Condillac, Locke et Hume. Ce n'est plus
cette sérénité, cette tranquillité, cette impartialité
intellectuelles ; ce n'est plus cette honnête et naïve
inspection des problèmes qui conduisait les esprits divers à des solutions partiellement différentes à cause de la faiblesse de l'esprit humain, mais
qui ne connaissait d'autre loi que de respecter et
de reproduire fidèlement la figure des choses, telle
qu'elle était aperçue. Ici, la puissance et la subtilité d'esprit de l'auteur (qui sont grandes) s'em-
ploient, pour une bonne part, à infliger aux
faits la torture d'une déformation systématique,
parce qu'il s'est mis dans le cas de satisfaire si-
multanément à des exigences inconciliables, aux
exigences de l'empirisme qui l'oblige de renoncer
à toute connaissance objective de l'Absolu, aux
exigences d'un besoin religieux et moral qui veut
qu'il conserve en quelque manière à l'homme la
possession de l'Absolu. Nous avons vu où il le
place : dans le sentiment du Devoir. C'est cela
qui lui interdit de concevoir la constitution de
l'intelligence humaine, à la façon des empiristes,

à qui elle apparaît comme un réseau de corrélations formé entre nous et la nature qui est notre
habitat, comme la forme supérieure et la plus étendue de notre adaptation au milieu universel. Une
telle conception implique un état de dépendance
inadmissible chez un être dont on a fait le siège
même de l'Absolu. C'est ainsi que Kant s'arrête à
la position de l'idéalisme subjectif. Ayant nié que
l'intelligence humaine pût atteindre le « transcendant », il la fait transcendante elle-même. Il garde
le ciel platonicien des idées, mais après l'avoir, si
j'ose ainsi parler, décroché des hauteurs sublimes
pour l'enfermer dans l'enceinte du Moi.

C'était là une position essentiellement insta-
ble et contrainte où la philosophie ne pouvait demeurer. La doctrine de Kant précipitait les esprits vers une autre doctrine.

Kant, pourrait-on dire, laissait subsister, en
face l'un de l'autre, deux absolus : le *noumène*
inconnaissable et le moi autonome, qui ne dépend
que de soi, qui se dicte sa loi à lui-même, sa loi
intellectuelle comme sa loi morale; entre les deux,
le rideau de l'apparence, c'est-à-dire ce que
nous appelons la nature, le monde. Mais il ne
peut y avoir deux absolus. Chez Fichte, Schelling,
Hegel, ils se réunissent, se jettent l'un dans
l'autre, rompant l'impalpable tissu qui les sépare,
noyant dans leurs nuits conjointes la clarté de la

science humaine. Ainsi s'engendre le Dieu-Monstre du panthéisme germanique, et de là naît ce jargon fameux : le moi et le non-moi, le moi qui se pose en s'opposant, le moi qui crée ou devient toutes choses en s'aliénant de lui-même, la dialectique hégélienne des contradictoires.

Il est clair que chacun de ces philosophes, nonobstant la communauté de leur point de départ, ne pourra parler des choses métaphysiques, ni non plus des choses de la nature que dans un langage qui ne sera qu'à lui. En revanche, il aura peu de peine à dérouler depuis l'alpha jusqu'à l'oméga le tableau de la genèse universelle. Un Dieu comme le leur, fournit aisément toutes les explications et se prête à tous les usages. Un principe trop amorphe pour rendre réellement raison de rien est par là même apte à rendre raison de tout. De celui-ci, ils prétendent déduire (déduire après coup) toutes les lois, tous les êtres de la nature, tous les événements de l'histoire. Ils entreprennent ce que les philosophies les plus audacieuses, les plus téméraires n'avaient pas osé entreprendre ; et, chose étrange, ils l'exécutent ave un minimum de frais, un minimum d'efforts pour l'esprit. Qu'est-ce, en effet, que leur déduction ? Une énumération, rien de plus, mais enveloppée de nuage. Leur grande ambition métaphysique n'est pas gênée par le poids de plomb qui asservit leur pensée au fait.

La philosophie de Hegel n'est absolument pas
autre chose qu'une énorme encyclopédie, impo-
sante par la masse des choses, mal faite, confuse
et inexacte dans le détail, mais avec une phraséo-
logie.

# V. — Raison générale
## de l'Influence allemande au XIXᵉ siècle

Comment l'esprit germanique, étant chose aussi
étrangère et réfractaire à la discipline de l'esprit
humain, aux conditions de son exercice normal,
a-t-il pu jouer dans sa destinée un rôle important,
occuper un chapitre de son histoire ? Comment
une notable partie de l'élite française, de l'élite
européenne a-t-elle pu se mettre pendant tout le
xɪxᵉ siècle à l'école de la pensée allemande ?

La pensée allemande ne s'est pas répandue sur
la France et l'Europe comme un fleuve fertilisant
sur un terrain qui a besoin d'être fécondé, mais
plutôt comme un vent destructeur et chargé de fu-
mées pénètre dans un édifice où se sont ouvertes
des brèches. Les conquêtes de la pensée allemande
ont un caractère d'irruption qui n'a jamais été
celui des conquêtes spirituelles légitimes et durables. Elles ont eu pour condition préalable des
fléchissements, des insuffisances et lacunes, essentiellement momentanées, de la pensée civili-
sée, classique. La rapidité avec laquelle se sont
accomplis, à partir du xvɪɪɪᵉ siècle, tout à la fois

de grands mouvements dans les sociétés humaines
et d'immenses progrès dans la connaissance du
monde et de l'histoire, a mis la pensée classique
en présence de problèmes et de difficultés qui ne
pouvaient sans doute être résolus ou réglés en un
jour, mais qui ne pourront, en tout cas, l'être que
par elle, parce que seule la lumière fait la lumière.
L'Allemagne a exploité cette situation; elle a bâti sa
fortune sur ces embarras. Elle a apporté des solutions brutales, audacieuses, trompeuses, tournées à
sa propre glorification, à son propre profit ; et la
barbarie de son inexpérience lui a permis d'y mettre une sorte de naïveté. C'est de cette manière
que les natures sans délicatesse tirent parti
des passes difficiles où peuvent se trouver d'hon-
nêtes gens, pour s'imposer. L'esprit germanique
s'est imposé (en ce sens-là). Il a opprimé, écrasé
les esprits tombés sous son influence ; il ne les a
pas touchés, éclairés, persuadés.

La crise religieuse nous en a fourni un exemple capital. Et je voudrais avoir réussi à faire
comprendre en vertu de quelle illusion un esprit
de la qualité de Renan, si supérieur à tous ces
Germains, Kant y compris, a pu s'en laisser imposer par ce « génie religieux de l'Allemagne »,
par ce « christianisme allemand » qu'il célébra
(dans la première partie de sa vie tout au moins)
comme la huitième merveille du monde, comme

une « révélation » véritable. Il admirait les Allemands d'avoir su placer la religion à l'abri des invincibles difficultés inhérentes au dogmatisme surnaturel et métaphysique. Mais son attention ne se portait point sur la grossièreté de l'équivalent substitué à la vieille foi, sur l'infériorité des directions nouvelles proposées au sentiment religieux. Il ne remarquait pas assez que, si la philosophie allemande sauvait le « divin », c'était en le mettant à bas prix et avec une tendance à en faire quelque chose de spécialement germanique.

Semblable aventure s'est passée dans le domaine de la philosophie où l'hégélianisme est venu, sans autres titres réels que sa grandeur d'impudence et sa hardiesse d'improvisation, usurper la place rendue vide par le délaissement de l'ancienne métaphysique. Qu'est-ce qui a fait délaisser la métaphysique ? Et pourquoi ses dernières grandes créations, les synthèses de Descartes et de Leibniz ne trouvent-elles plus parmi nous d'adeptes et de disciples proprement dits ? Est-ce qu'elles ont été démontrées fausses ? Est-ce qu'un coup ruineux a été porté à leurs bases ? Pas précisément. Mais l'esprit humain a acquis un monde de notions nouvelles, surtout dans les sciences biologiques et historiques. Et ce n'est pas seulement la quantité de ses connaissances qui s'est singulièrement accrue depuis l'apparition de ces synthèses ; ce sont les méthodes de la recherche expérimentale qui, pour s'adapter à de nouveaux domaines de la réalité, ont acquis, à certains égards, plus de variété, de souplesse, de raffinement. Le succès avec lequel la pensée s'est exercée dans cette direction est ce qui l'a déprise de ces anciennes formes de la spéculation universelle qui lui apportaient un genre de satisfaction dont il semble qu'elle ne puisse se passer, mais qui seraient à renouveler, de la même manière, pourrait-on dire, que Descartes, en son temps, renouvela Platon et Leibniz, Aristote. C'est sur cette lacune que s'est fondée la fortune de l'hégélianisme et là est la raison de l'étrange faveur qu'il a rencontrée auprès d'hommes comme Taine et Renan. Hegel, en ôtant à la spéculation universelle toute netteté des principes, toute rigueur de méthode, toute solidité d'assises, a trouvé le moyen d'y faire rentrer tout. Il a donné à un simple entassement couleur de synthèse, Il a donné pour une explication l'amoncellement des choses à expliquer. Il a supplanté l'ancienne philosophie comme un bazar, où il y a tout et rien, détourne la clientèle d'un magasin honnête qui fournissait des produits de premier ordre, mais dont l'assortiment n'est pas à jour et ne peut non plus se compléter tout de suite, à cause de la délicatesse de fabrication

Parmi les acquisitions de la science moderne, il n'en est point dont l'esprit germanique ait abusé

plus, pour embrouiller les idées, que celles qui se
sont accomplies dans le domaine de l'histoire.
Notre connaissance historique de l'humanité s'est
beaucoup étendue. Nous connaissons le monde
bouddhique, le sanscrit, l'Inde ancienne, l'ancienne Egypte, que le xviii° siècle ignorait, ou
peu s'en faut. Et sur combien de monuments des religions ou des poésies orientales ou
« primitives », soit enveloppés de nuit, soit né-
gligés jusque-là, notre attention n'a-t-elle pas été
attirée ! L'Allemagne a pris une large et illustre
part à ces découvertes. Mais elles n'infirment aucunement les idées traditionnelles concernant la
nature de la civilisation supérieure et les centres
où elle s'est réalisée, l'éminente valeur de la culture gréco-latine, la supériorité d'un art savant et
réfléchi sur les balbutiements de la Muse primitive.
L'îlot sacré où l'humanité a donné sa fleur apparaît
entouré d'un Océan plus vaste et touché de vents
plus lointains qu'on ne le croyait; mais il n'a pas
cessé pour cela de dominer les flots et l'espace ; au
contraire, il ne reçoit que plus de prix de l'ampleur
nouvelle de toutes ces perspectives qu'on n'embrasse bien que de ses hauteurs. La conclusion que
l'Allemagne a voulu tirer de cette extension de la
matière historique, ç'a été de noyer l'îlot, d'en ni-
veler l'éminence, de déposséder les terres du clas-
sicisme de leurs titres à la direction intellectuelle

du genre humain, de renverser la hiérarchie des
valeurs à son profit propre, en proclamant la supériorité de l' « inconscient », du « primitif », du
barbare sur le réfléchi et le policé. Son instinct
l'a portée à se servir des circonstances qui ren-
daient nécessaire un élargissement, un rafraîchis-
sement des idées classiques pour les frapper de
mort.

Je pourrais vérifier sur d'autres exemples cette
interprétation des fortunes du germanisme.

Il en ressort, je pense, assez clairement que,
si l'on peut mépriser le germanisme, il faut se
garder de le dédaigner. S'il n'a créé ou paru
créer quelque chose que par une exploitation confuse et impudente des difficultés que les nou-
veautés de la science et de l'histoire modernes
ont temporairement créées à l'œuvre progressive
de la raison, son succès même, son grossier succès, nous avertit de tenir compte de ces difficultés
pour n'être pas mis en échec.

Je n'ai voulu rien émettre de doctrinal sur le
fond même de celles-ci. Mon but était seulement
de montrer que, pour leur donner une solution digne de l'humanité, il faut les arracher aux ténèbres dont les enveloppe l'esprit germanique et les
ramener intégralement dans la lumière de la pensée gréco-latine, de la pensée classique, je pourrais dire tout court : de la pensée. L'esprit ger-

manique (cet intrus de l'Europe), n'est pas une
puissance intellectuelle et morale. Il est une puissance matérielle qui se donne, avec une transcendante hypocrisie, les apparences d'une puissance
intellectuelle et morale. Le monde et l'Allemagne
elle-même n'en seront délivrés que par un fait
matériel : la totale défaite des armes allemandes.

Paris. — Typ A. DAVY, 52, rue Madame.

LOUIS REYNAUD, Docteur ès lettres, maître de conférences à l'Université de Poitiers. **LES ORIGINES DE L'INFLUENCE FRANÇAISE EN ALLEMAGNE.** Étude sur l'histoire comparée de la civilisation en **France et en Allemagne pendant la période précourtoise (950-1150),** Tome premier: **L'Offensive politique et sociale de la France.** 1 volume in-8° raisin de XXXIX-547 pages .................................. **12 fr.**

P. BOISSONNADE, Professeur à la faculté des lettres de l'Université de Poitiers, correspondant de l'Institut. **HISTOIRE DES PREMIERS ESSAIS DE RELATIONS ÉCONOMIQUES DIRECTES ENTRE LA FRANCE ET L'ÉTAT PRUSSIEN PENDANT LE RÈGNE DE LOUIS XIV (1643-1715).** 1 Volume in-8° raisin VI-484 pages.................... **12 fr.**

M. WILMOTTE, professeur à l'Université de Liège (Paris). **LA CULTURE FRANÇAISE EN BELGIQUE. — Le passé littéraire. — Les conflits linguistiques. — La sensibilité wallonne, l'imagination flamande.** 1 vol. in-8° écu de XII-370 pages. Prix.................. **3 fr. 50**

ABEL MANSUY. **LE MONDE SLAVE ET LES CLASSIQUES FRANÇAIS** (XVIᵉ et XVIIᵉ siècles)............................................. **10 fr.**

J.-J. SALVERDA DE GRAVE, Professeur à l'Université de Groningue. **L'INFLUENCE DE LA LANGUE FRANÇAISE EN HOLLANDE D'APRÈS LES MOTS EMPRUNTÉS.** Leçons faites a l'Université de Groningue. 1 vol. in-16, 175 pages. ................................................ **3 fr.**

CHARLES MAURRAS. **ANTHINEA. D'ATHÈNES A FLORENCE. — Le voyage d'Athènes. — La naissance de la Raison. Notes du Musée Britannique. — Figures de Corse. — Musée des Passions Humaines de Florence. — Le retour et le foyer. Notes de Provence.** Nouvelle édition revue. Beau Volume in-8°.............................................. **3 fr. 50.**

— **TROIS IDÉES POLITIQUES. CHATEAUBRIAND, MICHELET. SAINTE-BEUVE** 1912. 5ᵉ édition, in-8°.............................. **2 fr.**

ANATOLE FRANCE. **SUR LA VOIE GLORIEUSE.** Un beau Volume in-4 coquille contenant une lettre autographe d'Anatole France et un frontispice d'André Rouveyre **(Au profit de l'Œuvre des Mutilés de la guerre)** ......................................................... **3 fr. 50 net**

RÉMY DE GOURMONT. **PENDANT L'ORAGE.** Un beau Volume in-4 coquille avec dessin de Forain et frontispice d'André Rouveyre **(Au profit de l'Œuvre du vêtement du prisonnier de guerre).... 5 fr. net.**

CHARLES MAURRAS. **L'ÉTANG DE BERRE.** Un beau Volume in-8° de XI-370 pages **(Au profit des Blessés du XXᵉ Corps)** ......... **5 fr. net.**

**En préparation:**

MAURICE BARRÈS. **JEANNE D'ARC (Au Profit de l'Œuvre des Mutilés de la guerre). —** GABRIEL D'ANNUNZIO. **Pour la Douce France (Au profit de l'Hôpital italien) .**

Lightning Source UK Ltd.
Milton Keynes UK
UKHW010956061118
331795UK00007B/238/P